2월의 눈은 따뜻하다

2월의 눈은 따뜻하다

이 운 진

소월책방

시인의 말

10년을 세워도 허공 속이다.
제겨디딜 한 뼘 바닥도 없는 곳!
하지만 이 위태로움이 나를 지켜줄 것이다.

2006년 3월

개정판을 내며

첫 시집에 대해 '쑥스러운 애정'을 품지 않는 사람은 드물 것이다. 그리고 쑥스러운 부분을 고치고 싶은 마음이 얼마나 강렬한지, 개정판을 만들며 깊이 알았다. 하지만 첫 시집을 쓸 때와 똑같은 숨결로 돌아갈 수는 없는 일이므로, 지나간 시간에 지금의 눈빛을 그려 넣을 수는 없는 일이므로, 순서를 바꿔 시의 자리를 다시 잡아주는 정도로만 다듬었다.

녹물 같은 눈물방울들이지만 다시 흘러내리기를 바라며…

2023년 8월

차례

시인의 말
개정판을 내며

제 1부

갑사 가는 길　13
내가 조금이라고 하는 사이　14
시집을 읽다가　16
드라이플라워　18
옛 마을을 지나며　19
지붕 없는 집의 시절　20
조개탕을 끓이는 저녁　22
詩가 되지 않는 밤에 추억하다　23
완도에서　24
버스를 기다리며　25
죽은 벌레를 생각하다　26
한밤, 큰 비 내리고 꽃지다　28
신륵사　29

제 2부

고드름　33
겨울 풍경　34
2월의 눈은 따뜻하다　35
헌 가구를 버렸다　36
9월　37
말라붙은 시간　38
꽃과 벌레　40
그때 나는 스무 살이었다　41
라일락의 봄　42
그 여자, 실비아　43
사진기가 없던 일요일 오후　44
섬진강이 궁금하다　46
몸살　47
꽃나무 아래가 무덤 속 같다　48

제 3부

깊은 우물　51
여자 – 자화상　52
붉은 유년　53
오래된 가족사진　54
문자 메시지　55
사랑은 때로 벽이 된다　56
당신을 보내고　57
민들레　58
귀 울음　59

죽음을 배운다 60
봄날 62
저녁 산책 63
아프리카에서 온 사진 64
후일담(後日談) 66

제 4부

3월, 폭설 69
한라산 하산길 70
결혼에 대하여 72
구석 73
사나운 날 74
아름다운 대화 75
나비 상자 76
대전 살이 78
비눗방울 속으로 들어가다 80
서른넷 82
정전 83
사랑하는 일 84
눈송이 편지 85
남쪽 바다 86

해설

배한봉-기억과 열망, 발견의 시학 88

제 1부

갑사 가는 길

누구나 한 번은 길을 잃는다면
그래서 한 자리에 오래 서 있어야 한다면
거기, 서 있고 싶네
일주문 넘어가는 바람처럼
풍경소리에 걸음 멈추고
그곳에서 길을 잃고 싶네
산그늘 물소리 깊어져서
늙고 오래된 나무 꽃이 지고
꽃 피운 흔적도 지고 나면
말글까지 다 지우는 마음처럼
수만 개의 내 꿈들 떨구어 내는 일이
아프지 않을 때까지
저, 먼 길 끝나지 않았으면

내가 조금이라고 하는 사이

조금 떠나 있었지요
내가 조금이라고 하는 사이
사람들은 나를 다 잊어 주었지요
지난해의 눈사람
낭떠러지를 향해 걸어가는 것만큼 조금이었는데
당신 가슴에 박아둔 못이
붉은 녹을 껴입는 것만큼 조금이었는데
세상은 악착같이 기억을 지웠지요
그 기억의 바깥에서
나는 소문들이 심장을 뚫고 지나가기를 기다렸지요
간혹 늦은 소문의 뒤를 잘라내며
희디흰 나무의 잠을 배우고 있었지요
거꾸로 선 채 붙박인 채
어김없이 월경을 하고
소문도 없이 아이를 낳고
뼈를 말리며 떠나 있었지요
내가 굳이 조금이라고 부르는
그 사이
내가 정말 들은 것은

이슬 떨어지는 소리밖에 없었지요
귀가 조금 밝아진 것뿐이지요

시집을 읽다가

새로 산 시집을 읽다가
시집에 손을 벤다

피가 고이는 손바닥을 가만히 시집 위에 올려보니
어떤 시는 착한 눈빛을 하고
어떤 시는 두 어깨 깊이 울먹이다
뜨겁게 내 손을 잡는다

그러면 나에게
가시를 세운 시는 어떤 시일까

다시 시집을 열면
그 안에 가득한 눈물냄새
떠도는 마음에 쌓인 먼지 냄새
잃어버린 사람들 냄새
햇빛에 바스러질 듯 날이 섰다

이런 것이구나
서른넷 나의 골방에

우북우북 자라는 슬픔을 베어내는 칼날이란
삶의 안간힘
이것뿐이구나

내 상처를 헤집듯
새로 산 시집을 뒤적이다
나는 오래 삭인 슬픔에 찔렸다

드라이플라워

먼지를 뒤집어쓰고서야 보였다

소용돌이치는 울음은 어떻게 바싹 마르는지
이미 소멸이 무엇인지 알아버린 꽃잎은 어디에다 뒷모습을 버리는지
신문지처럼 아무렇게나 구길 수 없는 시간은 왜 못 박히는지

짧은 봄날,
너무 선명한 것은 위태로운 것,
지나간 이십대처럼 저릿저릿한 것,

먼지를 쓰면 다 보였다

옛 마을을 지나며

하룻밤만 묵고 싶었다
마곡사 가는 길 어디쯤
집 한 채 새로 들어서지 않는 마을 어귀쯤
바람만이 모여 있는 곳에서
맨발로 잠들고 싶었다
살구꽃은 이미 지고
대추나무 등이 무거워지는 마당에 서서
저녁 밥 냄새만큼 진한 국화향기와
그 휘휘한 고요에 잠기고 싶었다
내가 오래전에 떠나온 그곳
두려운 그곳처럼
거미줄 치기 좋을 만큼 낡고 있는 마을
깨진 항아리 속 같은 마을에서
메밀꽃처럼 필 별을 보고 싶었다
나는 오래전에 가족을 잃었고
마을은 사람들을 다 잃었으므로

지붕 없는 집의 시절

지붕 없는 집이 있었다
무엇이든 내려앉을 수 있었지만
달도 걸리지 않던 집이 있었다
젖가슴이 작은 내가
뒤꼍에서 지렁이를 파고 있는 동안
발목이 푹푹 빠지도록 깊은 잠이 든 집
그 잠 속으로 들어가
꿈틀거리는 지렁이를 던져주고 싶었다
아무래도 젖가슴이 크지 않던 그런 밤에는
눈물을 핥짝이고 있었다
꽃들은 쥐 죽은 듯 고요하였고
바람은 병신 같은 모가지를 빼던 나날이었다
그때 나는 가난한 그늘 하나도 없는
걸터앉아서 반나절을 보낼 마루도 없는
슬픔을 모두 배웠다
그것은 가릉가릉한 내 숨소리가 되었고
화르르 불을 놓아도 타지 않는 흉터를 만들었다
지금도 도무지 그리울 것도 사무칠 것도 없는
그 집은 지붕이 없었고

나는 갓 사춘기
꽃잎을 따서
지붕을 엮던 날들이 있었다

조개탕을 끓이는 저녁

가스 불에 조개탕 냄비를 올려놓고
그 앞에 서서 시집을 읽는다
조개탕이 끓고 있는 동안
읽고 있던 시를 여러 번 놓치고는 그때마다 다시 시를 읽는다
끓어 넘치면 안 되는데
숟가락을 들고 자꾸 시를 퍼내는 헛손질
걷어내고 싶은 것이 하얀 거품만은 아닌 것인지,
내가 버렸던 기억은 어딘가 쌓여 있다가
오늘처럼 뜨겁게 끓어오르면
입을 쩍 벌리고는 쏟아지고 마는 것인지,
그래서 오그라든 가슴은
어느 막막한 날의 속울음처럼 꼬들꼬들해지고 마는지,
끓어 넘치지 않는
뜨거워진 눈물 같은 맛을 생각하며
문밖 바람을 들여놓는 사이
시집 한 권이 말갛게 끓어 있다

詩가 되지 않는 밤에 추억하다

이십대가 너무 무거워
글자 속에 집을 지었다
하나 둘 셋 넷…
아무도 읽으려 들지 않는 꿈들이 집을 채우며 늘어났다

때로는 눈물을 견뎌야 했지만
넝쿨나무가 온 집을 덮어
세상의 은밀한 포로가 되는 꿈을 꾸었을 땐
사락사락 글자들이 지워지곤 했다

서른하나
글자의 집 속에 숨어버린 기억들이
잔인하게 그립다

완도에서

완도에 와서야 나는
목마름을 깨달았다
서른다섯 살의 여자에게서 사라진 소금기와
반통의 물을 기억해냈다
그리고 이제는 아무도 빠져 죽을 수 없는
말라빠진 자궁을 보았다
어떤 울음으로도 채울 수 없는
깊은 구덩이를 보았다
젖무덤을 파고 그 안에 꽃씨를 심어도
아무래도 자꾸 덧나고 마는 모래 가슴을 보고 말았다
이제는 정말
온몸에 바다를 들인다 해도
더 이상 출렁일 수 없는 서른다섯의 여자
바다에 와서
아무도 기억하지 않는
풍경이 되었다

버스를 기다리며

저기, 그 골목길을 돌았을까
우글거리는 유채꽃밭을 지나면서
길 위에 누운 벌레도 데리고 오는 걸까
뒤따라오는 구름은 낮게 쳐놓은 거미집을
무사히 지나 왔을까

나무들 모두 옆으로 비켜 선 하늘에
누가 시간을 불고 있는 것인지
검은 비닐봉지 날아오른다

보도블록보다 단단히 뿌리박은 민들레도
꽃씨를 빼앗기고
햇살도 끝내 자리를 피한다

눈 어두워 알지 못한 건 아닐 텐데
분명히 다녀간 기척도 없는데
팽팽하게 부푸는 검은 비닐봉지
어디 먼 데 닿을 쯤이면
저 골목길을 돌아오겠지

죽은 벌레를 생각하다

벌레 한 마리 죽었다
연두색 투명한 삶
진작 보았더라면 화분으로라도 옮겨 주었을 텐데
하수구로 흘려보낸 죽음이 못내 미안하다

이제는 다른 죽음을 볼 때마다
인생에 대한 그 무슨 어렴풋한 대답을 들은 듯
돌부리 같은 상처들을 평평하게 밟아 놓고 싶어진다
먼 훗날에는 나도 결국 그 어떤 역사에도 불구하고
벌레처럼 송두리째 사라져 버릴 삶의 남루를
꾹꾹 눌러 놓고 싶은 것이다

오늘처럼 문득 경계에 서는 날
갈 길도 돌아설 길도 흔들린다면
푸르렀던 목숨을 기억하리

나의 죽음이 누군가를 미안하게 할 만큼
따뜻할 수 있기를 바라면서
죽은 벌레를 생각하다

벌레보다 납작한 내 그림자를 생각하다
허공의 가장 맑은 데를 보았다

한밤, 큰 비 내리고 꽃지다

달빛은 빗물에 녹아 무장무장 흐르고
잘못 나온 달팽이가 집을 찾아가는 거리는 텅 비어있다

드디어 너에게로 가는 길이 열렸다
캄캄하게 저문 지난봄이 열리고, 후일에는 둥치가 될 우듬지 끝이 열리고, 새로 생긴 열매의 방이 열리고, 낡은 예배당 종소리 바람에 흔들려 뭉텅 열리고, 그 속으로 어물어물 함뿍 젖은

너덜너덜해진 내가 가고 있다

신륵사

신륵사 주차장에 늘어선 은사시나무와 햇살 사이에 노부부가 앉았다
쪼글쪼글 주름 잡히는 그림자만큼의 거리를 두고 자리를 폈다
땅콩 한 종지 호두 한 바가지 참깨 두어 줌 팔자고 나오지는 않았을 터
필시 눈으로는 안 보이는 주렁주렁 열매가 있을 것 같았다
둥근 잇몸으로도 베어 물 수 있는 열매를 달라고 했다
오래 묵은 흙벽 같은 이를 보이며 노부부가 웃었다
은사시나무와 햇살 사이에 묻혔던 그림자가 환해졌다
주름 사이로 바람이 성성했다
때를 놓치면 폭삭 익고 말거라며 세월 한 봉지를 담아 주었다

제 2부

고드름

눈물이 만들어지면 그 슬픔은 이미 장식된 것이다
다, 다
반짝인 것이다

겨울 풍경

  겨울 아침 눈 대신 비가 왔다
  길 가에 마주선 느티나무와 담벼락 사이가 한 뼘쯤 더 벌어지며 옆모습을 보이고 있다
  눈이었다면 보지 못했을 상처의 두께를 서로 읽었는지 잠깐 돌아앉는 사이
  비는 담벼락이 키우다 만 덩굴처럼 느티나무에게로 건너갔다
  처연하게 몸을 내주는 느티나무에 친친 비가 감긴다
  담벼락은 마지막 나뭇잎을 덮고 생각 중이다
  비 오고 그 다음 비까지 느티나무는 무엇을 하는가

2월의 눈은 따뜻하다

눈은 내리고 꽃은 핀다
누군가를 사랑하려면 등을 내주어야 한다는 듯이
눈은 꽃을 업고 꽃은 또 눈을 업는다
보란 듯이 눈은 붉고 꽃은 쌓인다
눈과 꽃의 경계를 넘어
마음들끼리 서로 마주 본 사랑은 얼지 않는다

한 번도 업혀본 적 없는 아버지의 등보다
2월의 눈은 따뜻하다

헌 가구를 버렸다

올 들어 손때 묻은 가구를 둘이나 버렸다
4,000원짜리 딱지를 붙여서 주차장 공터에 내다 놓았다
집에 있을 때보다 더 낡고 쓸쓸해 보였다
겨울 문 앞이라 잘못 찾아온 벌레 한 마리 없이 며칠을 지내다
처참한 모습으로 트럭에 실려 갔다

내가 지키려 한 사랑도 저러할까
그대가 내 가슴에 4,000원짜리 딱지 하나를 터억 붙여 버리고 나면
트럭에 실려 모퉁이를 돌아가 버릴까
그러면 나는 딱지를 붙여준 사랑을 잊을까, 원망할까
그러다가 정말 사라질까, 처참한 무엇이 될까

때로는 버리는 것보다 참는 것이 힘들 때가 있어서
십 년이나 한자리인 사랑에서 오줌냄새가 나는 것처럼 힘들 때가 있어서
나는 헌 가구를 버렸다

9월

그냥 한 세월쯤
그저 보내도 좋을 하늘, 닮은
나무의 뼛속에는 바람이 있다
그 바람이
읽을 수 없는 문장을 만든다

말라붙은 시간

가을 오후
밑턱구름 내려온 베란다 창가에서
봉숭아를 뽑는다

지나간 그늘과 별무리
무수히 말라붙어 있을 거라 생각하며
서너 뼘이 더 되는 큰 키를 잡고 잔뜩 힘을 주었는데
화분까지 번쩍 들린다
힘을 준 손목이 시간을 가른다

푸르름만 사라진 게 아니었구나
낯선 땅에서도 싱싱하게 뿌리 내렸던
사랑이 끝나고
물길을 막아버리고
꽃씨까지 다 떨군 폐경의 시간은
저렇게 가벼워지는 것인가
스스로 환하게 바람을 닮으면
삶은 뼈가 되어 남는가
그리하여 제 몸을 비워 만든 허공 속에 기대는가

알알이 모았던 햇살만 한 움큼 떨어지는
가을 속에서
봉숭아 마른 뼈를 붙잡고
내 것인 줄 알았던 나이를 턴다

꽃과 벌레

꽃이 시들고 있다
뿌리를 가지런히 모으고 종일토록 햇살을 붙잡고 있다
어금니를 꽉 문 채 한 장 한 장 울음을 내려놓고 있다
잠깐 바람은 그쳐있다
마음이 먼저 몸을 떠난다
긴 배웅도 없이 하늘 한 귀퉁이가 밝아지고 꽃 진 자리마다 팔만경전이 펼쳐진다

다시 흔들리는 기미
붉은 벌레들 무른 몸으로 환약처럼 뭉쳐 놓았던 집을 허물고 있다

한 철의 사랑이 너무 쓰다

그때 나는 스무 살이었다

집을 떠나 새로 만든 집으로 가는 길
생각은 늘 걸음보다 늦게 따라오곤 하였다
서울의 변두리
종점에서 종점처럼 멈춰서면
1호선 전철보다 짧았던 희망들에선
공중변소 냄새가 나곤 하였다
그런 날에는 마음이 꼭 무덤 같아서
서울의 별빛을 다 덮어버리고 싶었다
한 걸음의 꿈도 내 놓지 못한 어느 날에는
만개한 벚꽃 나무를 후려치고
그 밑에서 잠들고 싶었다
어지럼병처럼 지겨운 울음을
파먹고 싶은 시절이었다
나를 목매달아야 할 사랑이
나무처럼 크는 줄도 모르는
그때 나는 스무 살이었다

라일락의 봄

어제는 라일락이 피느라 어지러웠고
오늘은 향기에 엉켜 어지러웁다
마당가를 돌아서 하늘가를 돌아온 작은 새도
균형을 잃고 맨발로 비틀거리다
또다시 부리를 처박는다
향기를 찍어 보겠다는 속셈이지만
라일락보다 먼저 날개를 퍼덕인다
기다렸다는 듯이 라일락 한 무더기 날개에 달라붙는다
멍든 부리를 하고 새는 허공을 가른다
라일락 향기가 하늘을 건너간다
너무 납작하게 끝나는 봄날을
어딘가라도 간절히 적어두고 싶은 것이다
그곳이 떨어져 누울 길이 아니라면
새의 날개와 날개 사이에 든
허공 한 구석이라도 좋다는 것인지
숨겨놓은 꽃망울까지 모두 밀어 넣느라
하루 종일 라일락나무 밑은 텅 비어있다.

그 여자, 실비아

빵만 굽던 여자
빵처럼 뜯어먹고 싶은 사랑을 한 여자
귀퉁이가 타버린 빵을 구운 여자

그 여자의 빵 속에는
자전거 산책을 하는 남자가 있고
이스트 같은 아이가 있고
낡은 책과 짠 눈물이 있어

−시를 쓰려해도 빵만 구워져요*
　제발 빵을 읽어주세요
　가슴처럼 팽팽하게 부푼 빵을 만져 주세요

자전거에 올라타지 못한 빵 냄새를
혼자서 뜯어내던 저녁

빵을 굽듯 몸을 구워버린 여자
시도 빵도 아니었던 여자

---

* 영화 〈실비아〉에서 주인공 실비아의 대사

사진기가 없던 일요일 오후

1
일요일 오후 수목원에는 꽃보다 사진기가 더 많다

패랭이꽃 앞에서, 찰칵, 여자 아이가 찍혀 들어가고
천리향 앞에서, 하나 둘 셋, 연인 둘이 멀리까지 들어간다
개병풍 말채나무 노루오줌 마타리, 너푼너푼, 다 들어간다
그 뒤에 뒤에 뒤에 있는 털구름까지 뭉개져 들어간다

2
사진을 찍는 일은 스란치마의 주름처럼 기억 속에 긴 주름을 잡는 것
추억은 그 주름을 펼쳐 보는 것
잠깐 동안 마른 꽃향기를 맡는 것
돌도 바람도 물소리도 주름 잡힌다

3
주름을 건너가고 건너오는 사람들

다 밟지도 못할 층층계단 같은 주름을 만드는 일은 상처다
그 주름 속에 날짜를 숨기는 일은 눈물이다
주름이 맨발의 삶을 지고 있는 일은 빈 꽃자리 같은 흉터이다

4
주름 없는 하늘을 새가 지나간다
아이 둘을 업은 여자가 지나가고
검은 그림자가 끌려가고
사진기 대신 풀꽃을 든 남자가 툭툭 일요일 오후를 차며 간다

섬진강이 궁금하다

섬진강에 가서 묻고 싶다
너의 하루는 어디까지인지 얼마나 긴지
너도 뒤돌아보면 멈추고 싶은 시절이 있는지
섬진강에 묻고 싶다
하늘에 닿지 못한 구름처럼
사랑에 닿지 못한 나처럼
너도 닿을 데가 없어서 흐르고만 있는 건지
먼 훗날 손목을 움켜 줄 굽이를 기다리고 있는 건지
네가 지나온 시간의 간절함을 들을 수 있다면
나는 왼쪽 손목을 누르는 통증과
낡은 책과 씹어 삼킨 밥알들에 대해
이해할 수 있을 텐데
물살이 출렁 기우는 동안
너의 하루도 먼지가 되는지
나만큼 통곡하는지
꽃 피고 꽃 지는 자명한 봄날
섬진강이 궁금하다

몸살

맥을 놓고 몸이 울기 전에는 몰랐다
어릴 적 쓰던 억양이 다른 말들 뭉클뭉클 쏟아지는
시가 닿지 못한 바닥이 있는 것을 알지 못했다
바닥을 덮고 끝까지 참아야 할
비밀이 있다는 걸
생각하지 못했다
새벽달처럼 높이 목을 매서라도
가슴에 꽉 대못을 박아서라도
몇 백 번이고 몇 천 번이고 덮었을 비밀
그 비밀을 견디는 일은
깨진 항아리를 안고 뒷걸음치는 일과 같았음을
울음이 이렇게 질겨지고 난 다음에야
몸이 뜨거워지고서야 겨우 알게 되었다

꽃나무 아래가 무덤 속 같다

봄볕 앞에 망설인다
목련과 산수유
바람이 잠시 쪽잠에 빠져들면
눈빛 걸어둘 곳이 없다
놀이터의 아이들은 종일 두꺼비 집을 지어
꽃잎을 숨기고
발 디디는 곳마다 후두둑
소름이 떨어진다
온몸에 열꽃을 피우며 등이 아파오고
어김없이 꽃잎 몇 장 또 부풀어 오른다
그 순간 하늘이 캄캄해진다
무성한 꽃의 안도 이러할까
헤아려 보아도
일찍 시든 꽃잎은 옛 기억이 없고
뜨거운 뼛가루만 부서진다
희고 붉은 꽃잎들 봄볕을 탓하지만
한 장도 남김없이 다 피어야 끝나는
봄날, 마음의 경계를 넘나드는
꽃나무 아래가 무덤 속 같다

제 3부

깊은 우물

여자 혹은 엄마의 눈물, 아무도 걷어가지 않는 푸른 이끼, 우물은 왜 깊이를 숨기는 걸까, 세월도 바람도 아닌 그 속, 물컹한 가슴을

여자 – 자화상

제 몸을 무덤 삼아
이미 저 세상인 여자
그 여자가 어둠을 껴안는다

어둠은 여자가 만든 허공의 집

그 집에서
한 여자가 사랑을 포기하고
깊은 용서를 받고 있다

붉은 유년

오줌을 누면 검은 벌레들이 굼실굼실 기어 나오는 꿈 속에서 끝없이 가위 눌리던 밤 나는 나에게로 도망쳤습니다. 나를 받아줄 곳은 당신이 아니었지요. 붉은 심장을 들고 내가 뛰어 갈 곳은 세상 어디에도 없었습니다. 내 안은 참으로 어두웠습니다. 멍처럼 푸른 달이 닿는 어디나 비명이었습니다. 으깨어진 꽃잎뿐이었습니다. 이들을 먹고 나는 자랐습니다. 하지만 어린 가슴이 풀 무덤이 되는 줄도 모르던 당신, 간혹 햇살 찢기는 소리를 들으며 당신 생애의 어떤 시간을 견뎠습니다. 입 안에 가시를 세워가며 붉은 속울음을 참았던 날의 기억을 파먹으며 나이가 들었습니다. 내겐 더 이상 남은 추억이 없습니다.

헛것인 나를 어미로 삼은 아이들
그 맑은 영혼들을 통과하면서
나는 오로지 어른이 되었습니다

오래된 가족사진

 아버지 아직 네모 속에 계신다 꼭 산 채로 병에 갇힌 개구리 같은 자식들에게 두 눈을 부라린다 뛰어 오르지 말아라 아버지 연신 네모난 벽돌을 쌓으신다 우리들 키가 크는 것보다 더 빨리 쌓으신다 해바라기처럼 목이 길어진다 식은땀을 흘리며 키가 큰다 언제나 다 오르지 못한 채 흥건히 젖는 꿈 달려도 달려도 네모난 마당의 꿈을 꾼다 우리는 일찍 담을 넘는다 넘고 넘고 또 넘는다 떨어지지 않는 아버지 발목을 자른다 핏자국을 지우며 우리는 달리고 고집처럼 단단한 네모 속 아버지 울고 계신다

 사랑이 있던 자리만 붉게 아프다

문자 메시지

  -사랑하는딸아내일아침생일축하한다
    나는새벽에갓바이간다

  -미역국은먹여느냐굶지말고즐겁게지내라
    엄마아바도모두고맙다행복하여라잉

  저 붉게 간이 밴 눈물이 나를 열고 들어왔다
  예순 넘은 여자가 구덩이를 파고 꺼내놓은 첫 번째 고백
  생땅 냄새가 나는 글자들을 봉인하여 끌어안고 한나절을 보냈다
  이것이 늙은 여자의 안쪽이었던가
  후미진 담벼락의 금을 막고 선 맨드라미처럼
  붉은 모가지를 단 이것은 무엇인가
  재처럼 식어버린 늙은 애기집을 다녀오고 난 뒤로
  나는 통통 불은 젖을 빨고 난 아이처럼 순해졌다
  그리고 오늘, 꽃받침째 떨어지는 늙은 여자를 받아 안았다

사랑은 때로 벽이 된다

할머니 돌아가시고 사진이 있던 방에 들어가지 못했다
사진에서 나온 할머니 벽 뒤로 걸어 들어가셨다
꽃무늬 벽지에 드문드문 검버섯이 돋았다
이 세상의 봄날, 꽃들이 시들어갔다

―탯줄 끊어내고 백날 동안 아무도 보여주지 않았데이
―물고기도 욕심 못내는 강물 속에다 처음 자른 머리카락 묻었다 아이가
―그 강물은 한 번도 얼도 않았다카데

이생과 저 생 사이가 벌어지며 벽은 자꾸 말을 걸어왔다
마치 촛불 속에서 나온 영혼처럼 벽이 부풀어 오르고
으깨어진 꽃잎과 함께 기억은 굳어져갔다

내게 너무 지극했던 사랑
건너오지도 건너가지도 못하는
벽이 되었다, 기어이

당신을 보내고

살아낸다는 것은
첫눈 속을 빠져나가 집으로 돌아가는 길 같은 것
그 길에 어김없이 켜 있는 가로등 같은 것
그 가로등이 밟고 있는 그림자 같은 것
그 그림자가 도망칠 문을 다는 것
껌종이만한 문을 잠그는 것

아주 이별이지는 않게
당신을 보내고
살아내는 것은

민들레

민들레들
11월의 풀밭을 덮고 있다
아직 봄을 놓지 못하고
울먹울먹 껴안고 있다

어떻게 하나
나비는 저만치 가서 큰비를 보냈는데
큰비는 벌레소리를 보내고
벌레는 속수무책 울 수만은 없는데

가까이 가서 보니 민들레들
씨를 품고 있다
수상한 세상에 더 이상 씨를 남기지 않으려고
저 힘을 쓰고 있다
가을이 오도 가도 못하게

귀 울음

산이 운다
산 속의 새가 울고
새가 앉은 나뭇가지가 울고
나뭇가지 끝 저녁이 울고
저녁에 새로 생긴 바람이 울고
바람이 나온 무덤이 울고
무덤 곁에 앉아서
뼛가루를 쓸고 있는
당신이 운다

어머니 아직도 바깥 잠을 주무신다

죽음을 배운다

1. 죽음들

내가 막 서른을 앞두고 있을 때
할아버지가 죽었고 이모할머니가 죽었다
내가 드디어 서른이 되었을 때
스승이 죽었고 할머니가 죽었고
그리고도 시외삼촌이 죽었고 큰고모부가 죽었고 선배가 죽었고 시고모부가 죽었다
모두 아무 말도 없이 죽었다
불쑥 찾아온 손님처럼 내치지도 못한 채
서른다섯인 지금
나는 여덟 개의 무덤을 팠고 여덟 장의 하늘을 잘라내었다
무덤이 더 이상 낯설지 않는 나이는 언제일까

2. 예감

나무 그림자가 달빛을 쓸려 할 때
당신의 눈빛이 바람 속 같을 때

지전거를 타고 나간 동생의 어깨가 불끈 만져질 때
주먹을 꼭 쥔 아기가 허공을 펴놓고 보고 있을 때
생전 처음으로 산꿩 우는 소리가 들릴 때
그림자는 둥글어진다

3. 기억

밤새 잊지 못한 시 두 줄처럼
그렇게 어렵게는 말고
일찍 내린 눈처럼
그렇게 허겁지겁 말고

잊자, 잊어버리자,
굴뚝을 빠져나온 연기처럼 까맣게

봄날

누군가 내 마음 터뜨려
간밤에 떨어져 내린 꽃잎처럼
가슴에 화르르 멍이 들면
봄길을 가다가도
목련나무 가는 허리를 붙잡고, 목련나무처럼
한숨 두어 장 떨구어내 보지만
꿈보다는 봄이 긴 서른 즈음에
몹시 앓을 듯한 예감이 드는 날이면
단내 나는 가슴을
나는 또 봄 속에 묻을 수밖에

저녁 산책

이른 저녁을 먹고 집을 나섰습니다
네발 자전거 둥글게 길을 맙니다
9층 높이로 세월을 밀어올린 나무들 사이 새 한 마리
집을 찾습니다
씨앗처럼 둥근 잠을 청합니다
한때는 집이 있던 곳으로 도둑고양이 들어갑니다
붉은 꽃잎들 기어이 문을 덮습니다
바람이 무명실처럼 가늘어집니다

모두가 제 이름을 가지는 저녁
집으로 돌아가는 길을 잊어도 좋습니다

아프리카에서 온 사진

어느 날 먼 이국의 땅에서 태양의 시간이 배달되었다
모래바람이 부는 사진 한 장이 왔다
배경도 없이 얼굴만 찍은 검은 미소가 왔다
배고픈 눈물은 생략되어 있었다

이름 : 난야고 미니사
생년월일 : 2000년 8월 15일 (여자)
좋아하는 과목 : 그림 그리기
좋아하는 놀이 : 뜀뛰기 놀이
건강상태 : 양호

다만 그렇게 간단하였다
단 한 줄의 복잡한 은유도 없었다
준비한 나의 질문도 소용없었다
공부를 잘 하는지, 원피스를 좋아하는지, 너는 커서 의사가 될 건지 탤런트가 될 건지, 또 무엇이 어떤지
문득 그 질문들 속에 내가 오도카니 갇혀 창밖을 보았다
바람이 뜀뛰기를 하며 지나갔다

아파트 옥상을 뛰어다니며 배고픔을 건너갔다
구름 같은 것도 건드리지 않고 시퍼런 허공을 뛰어갔다

나 지금 웃음을 연습한다
오늘 점심은 굶지 않았니 누가 물으면
아프리카처럼 까맣게 빙긋

후일담(後日談)*
-故조상기 선생님을 기억하며

내 스승은 분명 시인이셨다
시론 강의에 졸음을 못 참던 봄날
책상 밑에서 몰래 읽던 시집을 들키고 나면
푸른 강이 흐르는 새 시집을 건네주시던 스승은
어딘가 깊고 먼 곳을 다녀 온 듯 걸음을 걷는 분이셨다
그날 흙 한 줌을 안고
어딘가 깊고 먼 곳을 찾아가실 때까지
30년도 넘게
바람의 손목을 놓지 않으셨다
얇디얇은 봄날 같은 시집들이
새득새득 마르고 있는
여전히 모나고 거친 세상에
물비린내 나는 글자들은 남겨주신
뼛가루 같은 울음을 풀어주신
그리고 덮고 계신 무덤까지
오늘 내게 시로 주신
시인이셨다

---

* 조상기 시인의 첫 시집 제목

제 4부

3월, 폭설

툭, 하고 나뭇가지 부러진다
부러진 한 쪽으로 하얗게 세상이 기울어지면
간신히 슬픔을 버티고 있는 쪽도
사랑만큼 위태롭다
잎 지고 잎 나는 그 자리
눈물지고 눈물 나는 그 깊은 곳의
슬픈 집 한 채 다 무너지도록
눈은 자꾸 촘촘해진다

한라산 하산길

세 번째 한라산을 오르고 내려오는 길
이만하면 나무와 나무 사이
벌레의 길도 보일만한데
눈앞은 여전히 허방뿐이다
또 무엇을 두고 가야 하나
나 아닌 것은 무엇일까
손에 얹어 온 비밀을 들여다본다

이것을 주어야 길을 내놓겠다는 것일까
(어떻게…?)
그 사이 길은 사라진다
울음이 친친 몸을 감는다
납작 눌린 비밀을 꼭 쥐고
하늘에 송곳니를 박아본다
(이래도…?)

산은 쌓아두었던 새소리마저 날려 보낸다
드디어 나는 마음의 입구인 한라에 갇혔는가
이 문을 열어야 나에게 가 닿는가

울울울 울음이 풀어지고
내 숨소리가 들릴 때를 기다려
세 번째 한라산을 내려오는 길에
나는 비밀을 새겨두고 왔다

결혼에 대하여

밥주걱이 닳아 있다
아홉 해 동안 온 힘으로 시간을 누르고 있다
부드러운 살로 뒷마당을 기어가는 지렁이처럼
흔적을 남기는 저 힘
바위도 산도 오래된 사랑도 뭉툭해진다
삶이 닳아지는 건 저런 것이다
허공에 조금조금 틈을 내어
울음을 밀어 넣는 일처럼
둥그렇게 하루를 말아 넣으며 나들나들해지는 것이다
그렇게 사랑을 누르며
내 어깨와 같이 무뚝뚝해지는 것이다
결국 모서리를 잃어버리는 것이다

구석

 사랑을 지키는 일은 중심을 만들거나
 빈자리를 찾아내는 것인데

 구석이 중심을 비켜서 있는 건
 그 안에 무언가를 담고 있다는 것

 그래서 청소를 하여도 절대로 빨려나오지 않는 고집으로 버티는 것이고
 벌레에게도 나방에게도 즐거이 온몸을 내어 준 것이고
 말하자면 파란만장의 마음을 묶었던 밧줄 같은 머리카락도 한 줌 뽑혔던 것인데

 나에게는 그런 구석이
 울울창창 숲 같다고 할 밖에

사나운 날

꼭 그런 날이 있다
바늘을 한 움큼 삼킨 것 같이 울고 싶은 날이 있다
엄마의 서투른 글씨와 옛 받침처럼 고쳐지지 않는 사랑을 놓고 싶은 날이 있다
고양이 발톱 같기만 한 하루가 종일 상처를 할퀴는 날
꽃 피어난 사람들 떠나 다시 돌아오지 않는 그런 날
내가 차린 밥상이 무덤처럼 슬퍼 보일 때가 있다

아름다운 대화

돌 지난 아들
손을 오므렸다
편다
쥐었다
놓는다
연신 허공을 만지작거리는가 싶더니
저쪽 그네 뒤에서
까르르 나무 한 그루 몸을 흔든다

나무의 말은 어떻게 건너오는 걸까
바람의 결에도 걸리지 않고
물앵두 꽃에도 들지 않고
몸 안에서 꺼내놓은
혼처럼 여기에 와 닿는가

속눈을 뜨고 앉아 무심에 든
아들과 나무

내 몸의 무엇을 공양하면 나도 저리 될까

나비 상자

새벽에 깨어 백열등 같은 눈으로 시집을 읽고 있는데
방에서 네 살배기 아들이 부른다
―엄마아
쬐그만 상자들을 낳았던*
까지 읽다 말고 시집을 식탁에 엎어 놓는다
―나비야 불러
―나비야 나비야 이리 날아오너라

갑자기 팔랑팔랑 바람이 인다
이불 속에서 화장대 위에서 사방 벽에서 노랑나비 흰나비 날아오른다
포르르 포르르 날개마다 글자들을 새겨 넣은 나비들이 난다
허공 가득 글자들이 펼쳐진다
나비들이 엮는 시를 본다
쬐그만 나의 상자는 나비 한 마리를 안고 꽃잎 같은 눈을 오므린다
나비 날개같이 얇은 잠이 든다

---
* 이경림의 시집 『상자들』 중에서

식탁 위에는 쏟아진 상자들이 가득하다
상자를 열면 온통 나비들이다

대전 살이

내 나이 서른하나는 몸살이라고 할까
이 도시의 별빛들 다 어디로 갔는지
새벽마다 잠 깨어 보아도
객지사람 눈에는 보이지 않고
갈비뼈 아래쯤부터 젖어오는
깨끗한 설움
등짝으로 눌러 놓으면
전지자국 덜 아문 가지처럼
욱신거린다

모퉁이 돌아가면 어디께쯤 민들레 숨어 있는지
낯익은 골목 하날 가지고 싶을 뿐인데
그만 내 가진 걸 생각하면
모과나무에서도 비냄새가 나는 것 같아
꼭대기까지 찾아와 준 바람을
맨발로 붙잡는다

이 도시에서 가장 반가운 듯이
긴 발로 따라가는

내 서른하나의 반가움은 이러하여

울음이 가슴에서 휘도는
몸은 나날이 뜨거워진다

비눗방울 속으로 들어가다

  오도카니 속 궁글리며 하늘을 안아 들이는
저 빈 집, 속으로

  또록또록한 눈을 가진 오리들 검은 연못의 검은 물때를 털며 걸어 들어가고

  검은 연못 위를 나는 까치들 비둘기들 물소리가 고요해지는 것을 듣고 있다가 뒤뚱뒤뚱 날아 들어가고

  날개 가진 것들 풍경을 건드리고 간 자리에 감나무 푸드덕 가지를 흔들며 들어가고

  따라가지 못한 붉은 잎 한 장 살랑 흔들리면 두 팔을 벌린 아이가 둥둥 바람에 실려 들어가고

  바람처럼 먼 곳에 있는 벗들의 웃음이 궁금한 나는 동그랗게 안기어 들어가는데
  자꾸 자꾸 들어가는데

저 빈 집, 빈 집인 채로 날아오른다

서른넷

모든 기억은 종이처럼 얇아졌다

누구든 찢을 수 있는

종이에 온몸을 다 새긴 여자가
등에 다른 등을 올려놓고 있다

잔뼈 부서지는 소리를 들으며
쉰밥 같은 자존심을 먹으며

정전

순간 내 몸의 스위치가 내려졌다
욕망의 과부하
울음이 뭉개지도록 올려놓은 밥상과 신발과
그리고 뒤집어쓰고 앉은 낡은 시집들
내 몸이 지탱할 수 있는 꿈은 이것도 안 되는가

내가 져 나르는 하루가
늙은 나무의 몸처럼 깊어지면
나는 크고 환한 등燈을 달고 싶은데
튼튼한 뼈를 세워주고 싶은데

회오리치는 햇살은 먼 곳에 두고
꽃 핀 자리는 얼씬도 않고
팔 다리가 몽땅 하나가 될 때까지
가슴과 머리가 온통 캄캄해질 때까지
이 칠흑 속에서
나는 우두망찰 앉아 있어야 하는가

사랑하는 일

사랑하는 일의 안쪽은
목메임이거나 깊은 물소리
그림자가 일어났다 눕는 사이만큼의 뜨거운 피
그리고 불안불안

고양이가 뜯어낸 달의 안쪽 같은
칠흑!

눈송이 편지

동생의 서른한 번째 생일날
기다리던 소식 대신 불쑥 눈이 온다
마음의 발목으로도 쫓아가지 못한 먼 먼 그곳에서부터 찾아 와
고집불통으로 서 있는 나무마다 얹혔다가 날아가다가
길을 세웠다가 무너뜨리다가
오후 3시를 덮었다가 녹이다가
잠깐씩 어두워지는 눈송이는
먼 곳에서 안부 끊긴 동생의 동그란 귓불을 닮아서
꼭 돌아오겠노라는 약속이 적힌 듯
두 손으로 받아들고 읽고 또 읽는다

남쪽 바다

남쪽 바다 끝에서 해가 진다
멀리 섬과 섬 사이가
그 무슨 거짓말처럼

화르르르르르르르

타오른다
순식간에 허공을 잃어버린 새처럼
눈만 환하게 뜬 채

멀리 섬과 섬 사이
잉걸 속에서

동백 한 송이 되짚어 나온다
저 붉은 것
얼쑤!

해설

기억과 열망, 발견의 시학
– 이운진의 시세계

배한봉(시인)

1

창문을 열자 시집을 읽기 좋을 만큼 봄날 아침볕이 거실로 걸어 들어온다. 나뭇가지에 앉아 까작까작 울던 까치 몇 마리가 꽁지를 까닥거리더니 이내 포르르 날아오른다. 햇살처럼 펼쳐진 고요가 사방 가득 차오르고, 뭉게구름이 둥실 파란 하늘을 가로질러 흘러간다.

나와 이운진 시인과의 인연은 몇 년 전 짧은 이메일로 시작 되었다. 그때 나는 박재삼 선생님에 대한 자료를 찾고 있었는데, 그녀의 대학원 석사 논문이 『박재삼 시의 운율 연구』였던 것이다. 그러한 사실을 이메일로 보내자 그녀는 선뜻 그 논문을 내게 우편으로 보내주었다. 단 한 번의 연락 후 나는 그녀의 소식을 모르고 지냈다. 그런데

인연이란 묘해서 지난해 늦가을, 그녀의 홈페이지에 실린 시들을 만났고, 시집 발간을 권유했으며, 올 초 짧은 시간 첫 대면을 했다.

  시단에서는 시집 발간을 출산에 비유하곤 한다. 등단 10년을 넘기고 첫 시집을 발간하는 것이니, 임신 기간치고는 상당히 긴 편이다. 임신 10년을 넘기고서야 첫 출산을 하는 소회가 어떠냐고 물었더니, 두렵고 막막하다는 그녀는 말수가 적은 편이었다. 말없이 시류時流에 상관없이 자기의 길만을 걷는다는 것은 얼마나 쓸쓸하고 고단한 일인가. 그러나 또한 얼마나 행복한 일인가. 이운진 시인은 모르긴 해도 다른 사람의 말이나 참견에 흔들리지 않고 자기실현을 위해서 홀로 묵묵히 시의 들판을 걸어왔을 것이다.

2

  이운진의 시세계는 고집스럽고 진지하다. 그러면서도 말랑말랑하고 아슴아슴하고 건드리면 금방이라도 물기가 스미어 나올 것만 같다. 「갑사 가는 길」, 「섬진강이 궁금하다」, 「2월의 눈은 따뜻하다」, 「아름다운 대화」, 「사랑하는 일」, 「눈송이 편지」 등 아무것이나 뽑아들어도 촉촉함을 안겨주는 시제 때문이다. 그러나 그 내부는 일상의 근심, 생활의 경험, 여행 등을 토대로 생의 본질적인 진실을 만나거나 발견하려는 몸부림에서 파생된 통음痛音들의 기록으로 이루어져 있다. 이 통음은 자신의 정체성 찾기와 연결되어 있다. 정체성이란 언제나 애매모호하고 민감한 문제의식을 거느린다. 그녀는 이 문제의식을 기억이라는 시간 속에서 찾아내고 서정적으로 풀어내어 교감하려 한다.

그녀가 삶에서 느낀 통증과 어떤 결핍들은 매듭과 매듭으로 이어져 파장을 이루는데, 이 파장은 끊임없이 기억의 회로에 저장된 풍경을 자극하고, 망각忘却과의 경계를 왕래한다. 기억이란 잊어버리거나 흐릿하게 지움으로써 새로운 것들을 받아들여 저장하고 승화시킨다. 하지만 정신적인 것에 영향을 미쳤던 경험적 사실은 그것이 아무리 사소한 것이라 할지라도 쉽게 지워지지 않는다. 하여 어떤 상황에 부딪쳤을 때 기억의 회로에 저장된 풍경은 본능적으로 재생되어 나타난다. 그러나 시간은 이 기억의 회로를 조금씩 탈색시켜 저장된 풍경들을 바깥으로 내보낸다. 이 망각과 망실의 과정은 기억을 가동하려는 힘과 충돌하면서 마침내 비극성과 조우하게 된다. 그러나 이운진은 삶이 던져놓은 어떤 비극적 상황에 대해 성급한 결론을 내리기보다는 부단히 질문하고, 부단히 사색하는 자의 모습을 보여준다.

올 들어 손때 묻은 가구를 둘이나 버렸다
4,000원짜리 딱지를 붙여서 주차장 공터에 내다 놓았다
집에 있을 때보다 더 낡고 쓸쓸해 보였다

겨울 문 앞이라 잘못 찾아온 벌레 한 마리 없이 며칠을 지내다
처참한 모습으로 트럭에 실려 갔다

내가 지키려 한 사랑도 저러할까
그대가 내 가슴에 4,000원짜리 딱지 하나를 터억 붙여버리고 나면
트럭에 실려 모퉁이를 돌아가 버릴까
그러면 나는 딱지를 붙여준 사랑을 잊을까, 원망할까
그러다가 정말 사라질까, 처참한 무엇이 될까

때로는 버리는 것보다 참는 것이 힘들 때가 있어서
십 년이나 한자리인 사랑에서 오줌냄새가 나는 것처럼 힘들 때가 있어서
나는 헌 가구를 버렸다
-「헌 가구를 버렸다」 전문

'가구'는 이미 여러 시인이 올라탔던 오브제이다. 이 말은 곧 시적 성취도를 얻기가 그만큼 어렵다는 의미이다. 이운진은 이런 난관을 특유의 방법론적 비방으로 극복해내고 있다. 그것은 필요 이상의 요설이나 묘사를 피하는 대신 적절한 감정이입으로 공감을 획득하는 것이다. 시에서 감정은 넘치거나 모자라면 한 편 시로서의 응집력이 떨어져 맛이 없어진다. 그러나 이 시를 읽으면 삶의 바닥에서 끌어올린 숨소리가 느껴진다. 과장된 행동이나 언술 없는 담담한 전개 속에 이입된 정서적 감응이 잔잔한 파

문을 일으키며 다가온다.

"손때 묻은 가구"는 삶의 오래된 관습이나 시인의 내면을 오랫동안 지키고 앉아있던 상징의 한 부분에 대한 은유로도 읽힌다. 이런 관습과 상징은 "지붕 없는 집"(「지붕 없는 집의 시절」)이나 "아직 네모 속에 계시는 아버지"(「오래된 가족사진」) 등으로 나타나기도 한다. "헌 가구를 버"리고 "조개탕을 끓"(「조개탕을 끓이는 저녁」)이며 "빵을 굽듯 몸을 구워버린 여자"(「그 여자, 실비아」)를 떠올리거나 염소처럼 사랑을 되새김질하던 남자를 생각하는 시인의 일상은 그럼에도 "목마름"(「완도에서」)으로부터 벗어나지 못한다. "소용돌이치는 울음"(「드라이플라워」)으로도 채울 수 없는 이 갈증은 자기 정체성에 대한 회의일 것이다.

  제 몸을 무덤 삼아
 이미 저 세상인 여자
 그 여자가 어둠을 껴안는다

 어둠은 여자가 만든 허공의 집
 -「여자 - 자화상」 1, 2연

한 세상의 무게가 "여자"의 "어둠" 속에 깃들어 있다. 고통도 괴로움도 느낄 수 없는 "저 세상인 여자"가 가진 비극성은 "껴입는다", "만든"에서 보여주는 바와 같이 자초한 비극성이다. 운명은 만드는 것이라지만 비껴갈 수 없는 것도 있다. 적극적으로 운명을 수용하는 한 방법으로써 이운진은 이 비극성을 자초한 것일지도 모른다. 고통과 괴로움을 버릴 수 있는 방법은 그것으로부터 초월하거나 "저 세상"으로 강을 건너가는 일뿐이기 때문이다.

이 시가 이쯤에서 마무리되었다면 그저 고만고만한 시가 되고 말았을 것이다. 하지만, 이운진은 여기에 반전을 가한다. 그것은 바로 비극을 초월한 비극의 극점에 도달하기이다.

> 그 집에서
> 한 여자가 사랑을 포기하고
> 깊은 용서를 받고 있다
> -「여자 - 자화상」 마지막 연

사랑을 포기한다는 것은 얼마나 큰 비극인가. 이 큰 비극은 더 큰 사랑의 성채를 짓기 위한 과정인지도 모른다. 그리고 "나"라는 자아와 만나는 일일지도 모른다. "사랑을 포기하고" 스스로 "용서 받"는 이 아이러니. 이것이야말로 연민과 구원의식에 다다르는 비극을 초월한 비극의 극점이 아니고 무엇이겠는가.

그러나 이쯤에서 시 읽기를 끝내기엔 아쉬움이 따른다. 3연 7행에 불과하지만 이 시가 지닌 메타포는 근원적 생명의 공간으로 독자의 상상력을 끌어들인다. "무덤" 삼은 여자의 "몸"이 껴입는 "어둠"은 여자의 상징이자 생명의 처소인 자궁으로도 읽힌다. 생명은 칠흑 같은 어둠의 공간인 자궁에서 잉태되고 자라서 빛의 공간인 세상으로 나온다. 하지만 시인, 즉 화자의 자궁은 잉태의 기능을 상실한 "허공의 집"이어서 이제 더는 "사랑"을 키울 수 없다. "나를 목매달아야 할 사랑이/ 나무처럼 크는 줄도 모르는"(「그때 나는 스무살이었다」) 시절과 "이십대가 너무 무거워 글자 속에 집을" 짓거나 "글자의 집 속에 숨어버린 기억들이 잔인하게 그리운"(「詩가 되지 않는 밤에 추억하다」) 날들을 보내곤 했던 몸은 이제 "아무도 빠져 죽을 수 없는/ 말라빠진 자궁"(「완도에서」)이 되고 만 것이다. 이런 절망의 목소리는 「말라붙은 시간」에서도 잘 드러난다. 이와 같은 여성성의 상실은 "저 붉은 것"(「남쪽 바다」)에 대한 강렬한 열망을 드러낸다.

상실했다고 믿고 있는 "저 붉은 것"으로의 회귀가 곧 정체성의 회복이라는 것을 의미한다. 생명 공간으로서의 자궁이 여성의 몸의 존재 그 자체라면 월경은 존재의 길을 생동감 있게 흐르게 하는 세계라 할 수 있다. 말라빠진 자궁에서 활력이 넘치는 자궁으로의 몸 바꾸기는 이미 저 세상인 여자를 꽃피게 하는 원동력이 된다. 붉게 웃을 수 있다는 것은 곧 존재의 충만함을 드러내는 것이다. "아무도 기억하지 않는/ 풍경"(「완도에서」)으로 떠올랐던 상실된 정체성이 실존의 장을 만나면서 새로운 존재의 집을 짓게 된 것이다.

비로소 그녀는 "늙은 여자의 안쪽"(「문자 메시지」)을 본다. 거기는 "재처럼 식어버린 늙은 애기집"이 있는 곳이다. 안쪽에 대한 재발견은 시인의 의식에 변화를 일으킨다. "예순 넘은" 어머니를 통해 "아이처럼 순해"질 뿐 아니라 "단단한 네모 속 아버지 울고 계"(「오래된 가족사진」)시는 모습을 보게 된다. 또한 "새의 날개와 날개 사이에 든 허공"(「라일락의 봄」)에서도 라일락의 향기를 맡는 감각을 가지게 되고, "우북우북 자라는 슬픔을 베어내는 칼날이란/ 삶의 안간힘"(「시집을 읽다가」)이라는 깨달음도 얻게 된다. 실존의 장을 열고 들어섬으로써 한층 더 성숙해지고, 심연이 깊어진 자신을 만나게 된 것이다.

산그늘 물소리 깊어져서
늙고 오래된 나무 꽃이 지고
꽃 피운 흔적도 지고 나면
말까지 다 지우는 마음처럼
수만 개의 내 꿈들 떨구어 내는 일이
아프지 않을 때까지
저, 먼 길 끝나지 않았으면
- 「갑사 가는 길」 부분

갑사 가는 길은 그 안쪽의 길과 연결되어 있다. 안쪽으로 들어가는 길은 "꽃 피고 꽃 지는 섬진강"(「섬진강이 궁금하다」)이나 "메밀꽃처럼 별이 피는 마곡사 가는 길"(「옛 마을을 지나며」), "세월 한 봉지를 담아주는"(「신륵사」) 노부부가 앉아 있는 신륵사 길과도 맞닿아 있다.

기억이 안겨주는 안온한 풍경은 방황하는 마음을 "풍경 소리" 앞에 데려다 놓는다. 그녀는 "산그늘 물소리 깊"은, 영혼의 울림이 끊이지 않는 "먼 길"을 희구한다. 그 먼 길은 시의 길일 것이다. "모두가 제 이름을 가지는 저녁/ 집으로 돌아가는 길을 잊어도"(「저녁 산책」) 좋다는 고백은 이런 사실을 확인하게 한다.

오늘 이 땅의 많은 시인들이 '새로움에 대한 일종의 강박관념'으로 '낯선 새로움'을 찾아 헤맨다면 이운진은 '친숙한 새로움' 속에서 자기 정체성을 찾는다. 한 쪽 면에서 보면 이 말은 폄하가 되고, 또 다른 한 쪽 면에서 보면 이 말은 칭찬이 된다. 그러나 이 말은 폄하도, 칭찬도 아니다. 이운진 식의 시법일 뿐이다. 다음의 시편을 보자.

완도에 와서야 나는
목마름을 깨달았다
서른다섯 살의 여자에게서 사라진 소금기와
반통의 물을 기억해냈다
그리고 이제는 아무도 빠져 죽을 수 없는
말라빠진 자궁을 보았다
어떤 울음으로도 채울 수 없는
깊은 구덩이를 보았다
젖무덤을 파고 그 안에 꽃씨를 심어도
아무래도 자꾸 덧나고 마는 모래 가슴을 보고 말았다
이제는 정말

온몸에 바다를 들인다 해도
더 이상 출렁일 수 없는 서른다섯의 여자
바다에 와서
아무도 기억하지 않는
풍경이 되었다
-「완도에서」

그녀가 깨달은 목마름은 구체적이며, 낯설지 않은 것들이다. 낯설지 않다고 해서 시적 긴장감이나 완결성이 떨어지는 것도 아니다. 생체험이 정서적 충격과 만나 깨달음을 낳고 생의 본질적인 진실을 들춰내는 것이다. 그것은 자기 내부의 은밀한 목소리에 귀를 기울이는 일이다. 이 목소리는 정교하고 단단한 이미지로 형상화되어 몸의 비밀을 하나씩 풀어내는 열쇠가 된다. 이 열쇠는 "저 붉은 것"에 대한 기억을 더욱 선명하게 한다. 강한 부정은 강한 긍정이라 하지 않았는가. 그녀는 "말라빠진 자궁"이 되었고 모래무덤 같은 "젖무덤"이 되었으며, "아무도 기억하지 않는/ 풍경이 되었다"고 탄식하지만 그것은 결코 소멸된 것이 아니다. 풍경을 이루는 몸은 풍화되지만 여전히 그 자리에 있고, 더욱 깊어질 뿐이다. 설령 잊힌 다해도 그것은 한 순간의 망각일 뿐이다. 망각된 것은 기억의 회로에 의해 재생되거나 새롭게 재구성되어 태어난다. 그러나 이운진은 당연하게도 이러한 것들을 거부한다. 스스로 "중심을 비켜서"서 "울울창창 숲" 같은 "구석"을 가졌다(「구석」)고 고백하는 것에서도 알 수 있듯 풍경으로서의 이운진이 아니라 주체로서의 이운진이기를 원하기 때문이다.

   모든 기억은 종이처럼 얇아졌다

   누구든 찢을 수 있는

   종이에 온몸을 다 새긴 여자가
   등에 다른 등을 올려놓고 있다

   잔뼈 부서지는 소리를 들으며
   쉰밥 같은 자존심을 먹으며
   -「서른넷」

기억의 문제의 원형原型은 플라톤에서 찾아볼 수가 있다. 플라톤은 마음속에 있는 밀랍蜜蠟에 경험이 각인刻印되는 것을 기억으로 보고, 각인되지 않거나 지워지는 경우를 망각이라 보았다. 또한 마음을 비둘기장이라 생각하여 갖가지 새를 잡아서 그 비둘기장에 넣는 것을 기억으로 보고, 비둘기장의 새를 손에 잡는 것을 상기로 보았다. 생각이 나지 않는다는 망각도 과거와의 결여적缺如的인 관련이기 때문에 상기에 의하여 과거를 향해서 열려 있다는 것을 전제로 하고 있다. 그리고 기억은 현재의 경험 · 지식을 가능하게 하는 것으로서 이 문제도 역시 플라톤의 상기설想起設에 그 원형을 볼 수가 있다. 이운진은 이러한 기억이 "종이처럼 얇아졌다"고 선언한다. 시간이 썰물처럼 빠져나갔기 때문이다. 대신 경험적 사실들은 지혜와 자존을 사리알처럼 남겨놓았다. 그리하여 "등에 다른 등"을 첩첩 쌓아 한 권의 책이 되고 있다고 말한다.

이 시가 드러내는 비극성은 비극을 위한 비극이 아니라 새로운 자기 정체성, 자기 시의 정체성에 대한 긍정적 탐색의 역설이다. 그동안의 삶이 풍경으로서의 삶이었다면, "종이에 온몸을 다 새긴" 뒤부터는 이운진이라는 한 주체로서의 삶인 것이다. 종이는 얇지만 우리가 가진 모든 생각들, 마음이 노래하는 음표들을 기록할 수 있다. 그러므로 종이는 가능성으로 차 있는 침묵이다. 이 흰색의 얇은 종이에 "온몸을 다 새긴 여자"의 모습은 바로 「깊은 우물」을 가진 이운진 자신의 모습이고, 이운진의 시詩가 가야할 길이며, 가능성으로 차 있는 침묵이 들려주는 "잔뼈 부서지는 소리"의 집인 것이다. 그러니 이 집에 드는 일은 얼마나 지난한 일인가. 얇아지고 얇아져 그 소리의 뼈들만 남으면 그때야 이 고집스런 "자존심"은 영영 지워지지 않는 한 권의 책으로 완성될 것인가.

남쪽 바다 끝에서 해가 진다
멀리 섬과 섬 사이가
그 무슨 거짓말처럼

화르르르르르르르

타오른다
순식간에 허공을 잃어버린 새처럼
눈만 환하게 뜬 채

멀리 섬과 섬 사이
잉걸 속에서

동백 한 송이 되짚어 나온다
저 붉은 것
얼쑤!
-「남쪽 바다」전문

　그녀는 이제 새로운 여행을 떠난다. 해가 지는 "남쪽 바다 끝"이다. 종이처럼 얇아진 기억의 저장소에 새로운 발견의 미학을 담는다. 일몰이라는 소멸 현상을 통해 색즉시공, 공즉시색의 진리를 만나는 것이다. 색이 곧 공이요, 공이 곧 색이라는 이 진리는, 모든 현상계는 서로 연결되어 있다는 점을 말해준다. 연결되어 있음은 소통이고, 소통은 활력의 근원이다. 온몸에 바다를 들인다 해도 더 이상 출렁일 수 없는 폐경의 몸이 그 무슨 거짓말처럼 붉게 타오르는 생명의 거대한 곳간으로 새로이 태어나는 순간이다. 죽음의 붉은 축제로 상징되는 일몰이 오히려 생명 탄생의 축제로 전환되는 이 신명, 이 우주의 춤은 이운진의 시세계가 보여주는 상상력의 결정체로 떠오른다.

3

 이운진의 시세계는 삶이 던져놓은 비극적 상황에 대한 부단한 질문과 사색으로부터 시작된다. 이 질문과 사색은 자기 정체성에 대한 회의로 연결되며, 지뢰밭 같은 통점의 지대에 자기 몸을 부려 놓는다. 결과적으로 자기 정체성을 찾으려는 열망은 자기 정체성뿐 아니라 자기 시의 정체성을 찾아가는 길과 연결된다. 시인은 언제나 길 위에 서 있는 자인데, 이러한 길 떠남은 실존의 장을 열고 들어서는 기재가 되고, 주체로서의 자기를 만나 새로운 행로를 설정하는 이정표를 만나게 한다. 마침내는 망각되거나 망실되었다고 믿었던 "저 붉은 것"에 이르러 "한 송이 동백"을 꽃피우고, 비극을 초월한 신명의 장을 펼치게 된다.

 이런 점에서 이운진은 삶에서 느낀 번민과 어떤 결핍을 서정적 상상력이라는 밥솥에 넣어 잘 끓여낼 줄 아는 시인이다. 개인적으로 내가 이운진의 시에 관심을 갖게 된 이유도 「서른넷」, 「남쪽 바다」 등에서 보여주는 신뢰 때문이다. 좋은 쌀을 생산해 한 그릇의 맛있는 詩밥을 짓기 위해 오늘도 그녀는 "말言까지 다 지우는 마음"의 들판을 경작하고 있다. "가슴에 꽉 대못을 박"(「몸살」)고 싶을 정도로 힘겨운 한 시절을 보냈던 시인, 종이처럼 얇아졌으므로 해서 바스러지는 것이 아니라 오히려 잔뼈 부서지는 소리를 들을 수 있는 예민한 귀를 얻고, 일몰에서 잉걸불을 찾아내 누추한 이 세계를 신명 속으로 끌어들인다. 이 시집을 읽고 얼쑤! 우리도 어깨 장단 위에 한 송이 마음의 동백꽃이나 피워보자.

2월의 눈은 따뜻하다
ⓒ이운진 2023

개정판 1쇄 발행 2023년 8월 18일

지은이 이운진
디자인/편집 HDesign
제작 ㈜공간코퍼레이션
펴낸곳 소월책방
펴낸이 이운진
등록번호 제2022-000063호
주소 06001 서울 강남구 압구정로 151, 126-801
전자우편 sowolbooks@naver.com
ISBN 979-11-980447-1-6 03810

* 책값은 뒤표지에 있습니다.
* 잘못 만든 책은 서점에서 교환해 드립니다.
* 이 도서의 전부 또는 일부 내용을 재사용하려면 반드시 저작권자의 사전 동의를 받아야 합니다.
* 이 도서의 국립중앙도서관 출판예정도서목록(CIP)은 서지정보유통지원시스템 홈페이지(http://seoji.nl.go.kr)와 국가자료공동목록시스템(http://www.nl.go.kr/kolisnet)에서 이용하실 수 있습니다.